HISTERIA E FENÔMENOS PSÍQUICOS

SEGUIDO DE « ESPIRITISMO E MATERIALISMO »

CAIRBAR SCHUTEL

FV ÉDITIONS

INDICE

HISTERIA E FENÔMENOS PSÍQUICOS

AS CURAS ESPÍRITAS

— 1911 —

EXPLICAÇÃO PRELIMINAR

Nesta época como a que atravessamos, de velocidade e ao mesmo tempo em que a lei do mínimo esforço domina as almas, é difícil, mesmo aos espíritas, fazer um estudo profundo desta incomparável ciência e ao mesmo tempo religião, que denominamos Espiritismo.

Não ha dúvida que os espíritas dedicados e que se esforçam para o triunfo deste grande Ideal, aproveitem o tempo de que podem dispor para o estudo da doutrina em suas modalidades filosófica, moral e científica. Mas estes, em geral são pobres e a luta pela vida lhes absorve a maior parte das energias. A falta de tempo, aliada a falta de recursos em uns, para aquisição de livros de assuntos psíquicos, a falta de instrução intelectual em outros, dado o meio desfavorável em que nasceram e cresceram, impedem-nos de fazerem um estudo acurado, para bem se identificarem com as crenças que professam.

É para estes, principalmente, que escrevemos este livrinho, que cada ano editamos e reeditamos, numa linguagem simples e ao alcance de todos, obedecendo sempre ao método que adotamos, que é resumir tanto quanto possível às considerações doutrinárias que fundamentam o tema dos princípios proclamados pela Nova Revelação.

Mas não é só esse o nosso escopo. Os nossos intuitos ainda vão além: demonstrar aos nossos contraditores as bases científicas em que nos firmamos e ao mesmo tempo a insensatez daqueles que para nos combaterem se utilizam termos cuja significação lhes é desconhecida como se um fato pudesse ser destruído com uma "palavra vã".

Ao reeditar este folheto, deliberamos aumentá-lo com um estudo, embora superficial sobre as "Curas Espíritas", tão em voga nos nossos tempos, a fim de demonstrar o fundamento dessas práticas, usadas em todas as épocas da humanidade. O seu começo se perde na noite dos tempos, - o que levou o ilustre médico brasileiro a dizer em sua obra – Ciência Espírita - dedicada a faculdade de medicina do Rio Janeiro: A medicina como arte de curar, é filha legitima do Espiritismo.

Possam, pois, os nossos esforços e o estudo que vimos fazendo há anos nessa esfera de luz em que se move a «Psique»; ser aproveitados por todos os que sedentos da Verdade, procuram saciar a sua sede nessa fonte inesgotável de sabedoria.

Matão, 16 de Dezembro de 1911
Cairbar Schutel

PRÓLOGO

Tendo se dado, no ano de 1909 - a 15 de Outubro, interessantes Fenômenos Psíquicos de transportes de objetos, por intermédio da senhorita X. que, com seus parentes, se achava em uma das Casas de Pensão, de São Paulo, o "Correio Paulistano", na intenção de bem informar o público, sobre a interpretação dos fenômenos que noticiou, resolveu abrir uma enquête sobre o assunto, entrevistando vários psicólogos - médicos, ocultistas e espíritas e dar a lume as diferentes opiniões emitidas nesse terreno.

O primeiro entrevistado pelo «Correio» foi o Exmo. Sr. Dr. Ulysses Paranhos, chefe do serviço de moléstias nervosas na Policlínica e no Instituto Psico-Fisiológico de São Paulo.

O Sr. Dr. Paranhos, embora relutante a princípio, visto a inconveniência que havia de uma enquête em seu consultório, onde dois doentes o consultavam, cedeu, por fim a instância do repórter do «O Correio» e dispôs-se a atender ao questionário, que reproduzimos do decano da imprensa paulista.

R. - Conhece o caso da senhorita X. que tem alarmado o espírito público com fenômenos misteriosos de deslocação de objetos, produção de pancadas e outras manifestações de natureza inexplicável?

Dr.-Tenho apenas noticia, através das ótimas informações publicadas pela «Correio», mas não acho nada de extraordinário nos fatos registrados, que, a meu ver, são apenas manifestações de histeria. Acho que o diagnóstico desta nevrose, feito pelo médico assistente da enferma, tem toda a razão de ser. No caso vertente não existem os fenômenos curiosos observados por Lombroso e Richet com Eusápia Paladino, nem por Crookes e Ochorowicz, com outros médiuns.

O «quid» misterioso em que quereria enquadrar certos acontecimentos passados com a senhorita X. parece ser o resultado de observações descuidadas ou de sugestões dos assistentes, que estão vivendo em meio próprio para recebê-las.

R.-Acha que só a presença da histeria é capaz de explicar «todos» os fatos que se atribuem á senhorita X?

Dr.- E porque não? A histeria a grande simuladora, Ela só, como provou Charcot e Richet, é capaz de reproduzir quadros de todas as doenças, de todos os estados mentais, desnorteando os clínicos mais atilados e práticos. Pode provocar desde a hemopfíse intensa até a tosse convulsa, rebelde e metálica, como um dobrar de sinos.

Hoje, graças á sugestão, pode-se ter uma prova do grande papel que o cérebro tem na produção dos fenômenos psíquicos e somáticos os mais variados.

Consegue-se com a hipnose provocar a febre, produzir as erupções as mais diversas, trocar a personalidade, despertar a mudez, tolher os movimentos, transformar a moral, voltar à infância e aproximar da velhice.

E isso que se consegue com a sugestão, faz a histeria ela própria, voluntária ou involuntariamente, porque é uma fabrica de fantasias, um cata-vento que gira á mercê da sua nevrose, criando pela autosugestão fenômenos que tocam as raias do maravilhoso e do inconcebível, e que a doente procura simular, esconder, para ser admirada como um ente estranho.

R.- Então o doutor liga á nevrose certas manifestações extraordinárias, como a adivinhação do futuro, as predições, os sinais em certas partes do corpo, que são anteriormente determinados?

Dr. - Decerto. E' á histeria que pertencem os casos de demonopatia, verdadeiramente estranhos, como se lê dos processas de Loudun, e que mandaram tantas pobres mulheres a fogueira, e deram o retábulo dourada dos santos a tantas nevropatas.

Em seguida o repórter do «O Correio» dirigiu-se para a Vila Buarque - na mesma capital, a fim de ouvir a opinião abalizada de um advogado ocultista, ali residente, e filiada ao Centro Martiniste, de Paris cujo nome ele preferiu deixar incógnito.

Vamos resumir o resultado da entrevista do «O Correio» com o ilustre cultor das ciências ocultas citando a seguinte trecho transcrito de dito jornal e que, pode-se dizer, deixa ver bem claro a opinião do sr. advogado ocultista sobre assunto de tanta transcendência.

As manifestações relatadas pelo «Correio» podem ser divididas em três classes 1.°) a manifestação de uma nevrose, como bem o afirma o dr. Ulysses Paranhos; 2.°) ao ato de simulação ou de fraude; 3.o) a fenômenos que podem ser classificados no número daqueles que Richet batizou com o nome de metapsiquicos.

Somente si eles estiverem catalogados nesta última hipótese é que tem valor para o observador consciencioso e cientista, e para nós outros que nos preocupamos com o estudo de ocultismo.

Tratando-se, como se trata, de dar uma interpretação para o público, sobre os fenômenos em questão, e que agitam o mundo religioso e cientifico; - visto nenhum dos nossas confrades se ter manifestado - usando do direito de liberdade de pensamento que nos assiste, e em vista da opinião externada sobre aludidos fenômenos pelos ilustres homens de ciência; e com o fim de concorrer, embora com exígua parcela, para o conhecimento da Verdade, manifestamos pelas colunas do «O Alfa», excelente diário que se publica em Rio Claro, neste Estado, a nossa fraca opinião que submetemos a apreciação de quem nos lê.

Não temos a pretensão, que seria irrisória, de fazer neste opúsculo um estudo acurado sobre a Histeria, suas Causas e Complicações. «Fazer pensar, sem esgotar o vasto assunto de que dai-nos uma pálida idéia» - é o nosso escopo, parodiando o que diz em sua «Análise das Coisas», o ilustre discípulo de Pasteur – Paul Gibier.

Até a pouco a palavra Histeria, como a Alucinação e tantos outros nomes bonitos e difíceis serviam para explicar o que os homens ignoram, mas no século de Luz e de Verdade que atravessamos - essas palavras se encarregarão de denunciar a ignorância dos homens que as proferem maquinalmente.

«A Histeria e os Fenômenos Psíquicos» são pois uma pequena pedra colocada entre tantos marcos nos limites do mundo velho com o mundo novo.

Aqueles que impacientes com o peso das roupagens avoengas; aqueles que cansados das especulações metafísicas - querem se libertar do dogmatismo religioso e cientifico, nós dedicamos este folheto.

Quando nenhum beneficio ele possa produzir, esperamos, ao menos, que as nossas palavras façam pensar a todos os que a lerem - o que já não é pouco em uma época em que a razão adormecida não pode dominar o espírito que é arrastado para a materialidade.

Não terminaremos sem pedir escusa por alguma palavra pouco cortez que pudesse ter caído involuntariamente da nossa pena, pois não é nosso intuito ofender a quem quer que seja quanto mais o ilustre moço, o que com tanta dedicação dirige um dos principais estabelecimentos clínicos do Estado e a quem não negamos talento e erudição, mas que talvez pelos muitos afazeres que o prendem á sua elevada profissão, não teve o tempo preciso ou não se lhe apresentou ocasião oportuna para estudar de perto os portentosos Fatos Espíritas.

1

A HISTERIA E OS FENÔMENOS PSÍQUICOS

O Correio Paulistano abriu uma «enquête» sobre os fenômenos observados com a senhorita X por meio da qual se tem produzido manifestações inteligentes sem que a causa fosse até agora descoberta.

O primeiro a falar foi o distinto chefe do serviço de moléstias nervosas na Policlínica e no Instituto Psico-Fisiológico da capital Dr. Ulysses Paranhos.

A opinião do Dr. Paranhos, embora não tivesse examinado a paciente, é que se trata de um caso de Histeria.

Em primeiro lugar é preciso saber se os fenômenos se deram e são reais, como afirmou o «Correio Paulistano», por seu informante insuspeito, ou se não passam de mera fantasia para reclame de jornal. Se são reais, como cremos, pois o «Correio» seria incapaz de nos iludir, a palavra HISTERIA - pronunciada mesmo por um distinto facultativo não pode absolutamente explicar a causa desses fenômenos.

Já se foi o tempo em que as palavras histeria, alucinação, subliminal, músculo-rangedor, loucura, satanás se prestavam á explicação dos fatos cuja procedência era pelos homens desconhecida.

O que é histeria? - qual a causa produtora dessa hidra que a todos os momentos zomba da medicina oficial?

Ninguém sabe – os próprios Esculapios e os mestres em sua definições se recusam diante da interpelação e os mestres em suas definições nada esclareceu; sobre aquilo que ainda está por estudar no intérmino campo da ciência.

O ilustrado professor de clínica médica da Faculdade de Paris - G. Dieulafoy em sua Patologia Interna, na parte em que trata do Sistema Nervoso, onde a todos os momentos transcrevo opiniões de Gasset, Bonnet, Guignon, etc., etc., nada adianta sobre o assunto, limitando-se a dizer que: «A grande causa predisponente da histeria é a hereditariedade nervosa e os agentes provocadores são numerosos, entre estes - as moléstias infecciosas (tifóide, pneumonia, paludismo, sífilis, reumatismo), as intoxicações crônicas, (chumbo, mercúrio, álcool), as moléstias genitais, acidentes do parto, os traumatismos». Tomo II, pág 582).

Tudo isso além de outros agentes e causas, pelo que se pode concluir forçosamente que, toda a humanidade é histérica!

A histeria é uma moléstia incurável, segundo afirmam os próprios médicos, sem exclusão dos homeopatas que acrescentam: «a medicação da histeria deve ser toda sintomática e a cura só se efetua quando o médico exerce uma influência moral sobre o enfermo».

O dr. Grasset ainda vai mais longe; ele afirma que a autosugestão, que tem tão feliz influência nos acidentes histéricos, falha nas paralisias histeri-formes de origem traumática, Th. Emmet, antigo cirurgião do hospital das Mulheres, de New York, em seu tratado «Moléstias das Mulheres», também afirma que o «tratamento da histeria deve ser paliativo - devendo-se combater os sintomas.»

Isto demonstra que a medicina oficial não conhece a causa da enfermidade, porque senão a combateria, visto como enquanto persistir a causa não podem cessar os efeitos, por completo.

Não é nosso intuito devassar horizontes em que não podemos penetrar, não só porque não somos portadores de um cartão de ingresso, como também falece-nos a competência para discutir com homens que pela sua erudição e dedicação ao estudo conquistaram um pergaminho.

O nosso fim é demonstrar que a palavra Histeria posta em jogo para explicar os fenômenos de deslocação de objetos, produção de pancadas e outras manifestações de natureza inexplicável para a ciência materialista, não pode merecer as honras que lhe querem dar.

2

O SATANÁS DA MEDICINA

A histeria na medicina representa o mesmo papel que o Satanás no catolicismo.

«Ela é a grande simuladora, diz o dr. Ulysses Paranhos, capaz de reproduzir quadros de todas as doenças, de todos os estados mentais, desnorteando os clínicos mais atilados e práticos.»

E uma espécie de belzebu que se transfigura em anjo de luz para captar a simpatia dos sacerdotes da ciência médica, como satan se transforma para enganar os corifeus da ciência religiosa.

O diabo da sugestão está para o catolicismo, como a sugestão da histeria para a medicina: é sempre o espírito de sistema revoltando-se contra as idéias novas.

Felizmente esse modo de encarar os fenômenos psíquicos já caiu por completo e aqueles próprios que combatiam os fatos são os primeiros a demonstrar a puerilidade desses juízos, dessas sentenças prejudiciais aos que tem a infelicidade de externá-las.

O dr. Morselli que estudou de perto os fenômenos e o estado dos médiuns, e que é insuspeito, porque, embora reconheça a veracidade dos fatos, ainda não aceita a teoria espírita, quando, nas hipóteses explicativas das manifestações, trata de Histerismo, Nevrose, Hipnotismo e Estados Análogos, diz peremptoriamente que eles não explicam os efeitos da mediunidade. (Vide - Annales Des Sciences Psychiques, maio, 1907).

O dr. Gibier diz mais, que «discutir essas hipóteses, como alucinação coletiva ou individual, assim como a dos movimentos inconscientes sobre a qual Faraday, Babinet e Chevreuil quiseram apoiar suas teorias é cometer uma espécie de arcaísmo.»

Ou os fenômenos que tiveram por teatro a capital, são reais - ou não são.

Se não são reais eles não merecem absolutamente a atenção que lhe quiseram emprestar - neste caso poderão ser taxados de ilusórios - charlatanices, truques, fraudes conscientes ou inconscientes e mais um milhão de títulos e nomes com que os queiram batizar.

Mas se são verdadeiros - se foram autenticados, tanto o ilustre chefe da Policlínica, como o não menos ilustrado advogado ocultista que não permitiu a publicação do seu nome no «Correio», claudicaram, confundindo o falso com o verdadeiro.

Afirmar que a deslocação de objetos sem contacto, produção de pancadas e outras manifestações físicas sejam o produto de uma nevrose ou a manifestação de uma nevrose é arriscar-se a muito - é cometer as maiores heresias científicas - é deixar bem patente à ignorância da causa que se julga compreender.

Com quem o ilustrado clinico e o admirador de Appolonius - o mago - aprenderiam semelhante hipótese para explicar esses fenômenos de levitação, de transportes?

Não foi certamente com Crookes, Richet, Lombroso, Ochorowicz e Maxwuel que s. s. citaram em sua entrevista. De Rochas e outros sábios de reputação incontestável também nunca deixaram escapar tal infantilidade.

As Teorias explicativas dos fenômenos dadas por aqueles que tem estudado e observado esses fenômenos até ha pouco, são quatro: (Faquirismo Ocidental, Gibier).

1.º - Um fluido especial que se desprende da pessoa do médium, combina-se com o fluido das pessoas presentes para constituir um personagem novo, temporário, independente em certa porção e produzindo os fenômenos conhecidos. Esta Teoria poderia chamar-se: Teoria do Ser Coletivo.

2.º - Tudo é produzido pelo diabo ou por seus sequazes. Era a teoria de Mirville, e a da igreja católica - Teoria Demoníaca.

3.º - Existe uma categoria de seres, um mundo imaterial, vivendo ao lado de nós e manifestando sua presença em certas condições: São os seres conhecidos em todos os tempos com os nomes de gênios, fadas, sílfedes, duendes, gnomos, diabretes, etc. Com esta teoria relaciona-se a dos budistas da Índia e da Europa (teósofos), que coloca os fenômenos sob a dependência de espíritos vitais incompletos, seres não acabados, chamados Elementares. - Teoria Gnomica.

4.º - Todas as manifestações são devidas aos espíritos ou almas dos mortos, que estabelecem relações com os vivos manifestando suas qualidades ou seus defeitos, sua superioridade, ou pelo contrário, sua inferioridade, exatamente como se vivessem ainda. - Teoria Espírita.

Foi depois da grande polêmica Hartman-Akasakof, que a luz se irradiou com mais intensidade e as obras do imortal Allan Kardec puderam ser melhor compreendidas e os fenômenos de ordem psíquica ficaram divididos em dois campos - Espírita e Anímico.

Ultimamente o dr. Richet crismou os fenômenos com o nome - Metapsiquicos - como os sábios crismaram o Magnetismo com o nome de Hipnotismo para que ele pudesse ter ingresso nas Academias.

O Metapsiquismo de Richet, bem definido, é uma força ou um fluido que chama X (desconhecido) e que na sua opinião aparecerá mais tarde para dar explicação da causa dos fenômenos.

E' uma espécie do Cristo que os judeus esperam até agora e hão de continuar a esperar eternamente.

3

A MEDIUNIDADE E A ENFERMIDADE

Como ficou patentemente demonstrado a medicina materialista não conhece a causa da histeria, limitando-se a combater os sintomas que diminuem por um momento para reaparecerem com mais intensidade, a despeito mesmo das cânforas, bromuretos, morfinas, duchas, etc.

Na homeopatia a viola odorata não faz cessar o choro de uma histérica, - o stramonium não destrói seus caprichos extravagantes, - o moschus não consegue modificar o seu atrevimento, nem a platina o seu orgulho!

Tudo isso indica que a histeria ainda não foi bem estudada ou pelo menos não foi compreendida.

O ilustre cientista dr. E. Gyel já afirmou peremptoriamente que:

«A histeria só poderia ter uma fácil explicação pelo estudo cientifico do perispírito».

E' o perispírito que dirige a vida orgânica e portanto deve-se estudar as relações que existem entre o corpo fluídico, corpo astral, mediador plástico, (segundo Codworth) corpo celeste, ou qualquer nome que lhe queiram dar, e a vida orgânica, só assim se poderá encontrar o X da questão, só assim é que se poderá chegar ao conhecimento da causa da histeria que tanto tem embatucado os nossos cientistas.

Deixemos falar ainda, o grande dr. Gyel, pois sua opinião se impõe ao passo que a nossa nenhum valor merece.

«As perturbações, de feição tão extravagante, da sensibilidade, da motricidade da inteligência dos histéricos, resultariam do funcionamento defeituoso da força perispiritais para união da alma e do corpo, Os nevropatas inferiores - os histéricos vulgares seriam individualidades unidas a corpos por demais aperfeiçoados para elas, que deles mal se serviam; - a maquina seria muito complicada para o mecânico. Os nevropatas superiores, ao contrário, possuiriam organismos para eles muito grosseiros. A maquina não seria assaz aperfeiçoada para corresponder á atividade do mecânico. Pensem o que quiserem desta explicação, ela é mais aceitável do que a hipótese repugnante dos degenerados superiores» (Gyel ensaio de Revista Geral e de Interpretação Sintética do Espiritismo).

O Dr. Ochorowicz falando da sensibilidade hipnótica que a nosso ver não é outra coisa que o mediunismo com outro nome, comentando a obra do dr. Paul Rither, Estudes cliniques sur 1'hystero-epilepsia diz «que não é a histeria que constitui um terreno favorável ao hipnotismo, e que a máxima sensibilidade hipnótica pode existir sem histeria» (Ochorowicz, Sugestão Mental, pág. 258).

E' preciso distinguir a mediunidade e só se estudarmos a fundo não só está enfermidade, como também aquele dom natural concedido por Deus as suas criaturas, poderemos chegar á conclusão e á compreensão dos fenômenos que se desenrolam a todos os momentos as nossas vistas e que podem ser explicados pelo materialismo.

E' um erro dos ilustrados médicos quererem considerar um médium um histérico - um enfermo:

A maior parte dos nossos médiuns são sadios e fortes e justamente quando por qualquer motivo ficam enfermos os fenômenos cessam de se reproduzir.

«O médium, diz Léon Denis, é um indivíduo dotado de

capacidades mais extensas ou de mais sutis percepções que outro qualquer.»

Léon Denis pode falar ex-catedra porque ha mais de quarenta anos se dedica ao estudo da mediunidade e os nossos cientistas não devem deixar de ler suas obras que modificarão certamente as suas idéias preconcebidas sobre a mediunidade.

A mediunidade é um sentido psíquico, pode-se dizer, que a ciência ordinária desconhece até hoje, mas que os sábios já não temem em proclamar a bem dos interesses da humanidade.

Sabemos muito bem que o dr. Paranhos reconheceu a existência dos médiuns, mas é preciso ficar bem patente que a histeria é incapaz de produzir «todos os fatos que atribuem á senhorita X.»

O ilustre clinico disse que «graças á sugestão pode-se ter uma prova do grande papel que tem o cérebro na produção dos fenômenos psíquicos e somáticos os mais variados.»

A sugestão não demonstra absolutamente a ação do cérebro na produção dos fenômenos psíquicos. A prova é que esses seres, para nós invisíveis, estão separados do cérebro de que fala s. s., entretanto os fenômenos se dão. Queira s. s. ler o último trabalho de Lombroso: «Casas Fantasmáticas» e verá que não nos apoiamos senão em fatos comprovados e estudados por homens da envergadura de Lombroso.

TEORIA MECÂNICA E ESPÍRITA

Como dissemos, o cérebro não tem, absolutamente, a influência que lhe quer emprestar o distinto facultativo na produção dos fenômenos psíquicos.

O ilustre advogado ocultista que conhece «os admiráveis estudos do coronel de Rochas sobre a exteriorização da motricidade» não pode deixar de concordar conosco.

Assim é que a histeria ou outra qualquer nevrose nunca poderão produzir fenômenos de «deslocação de objetos, transportes, etc.» como as que foram produzidos pela senhorita X, conforme narração do Correio.

Esses fenômenos não podem pertencer á ordem dos da Teoria mecânica, apresentada ao Congresso Internacional das Ciências Psíquicas em Chicago, 1893 - pelo Professor Coues, mas que não merecera a atenção dos Congressistas pela sua inaceitabilidade.

Essa teoria segundo confessa o mesmo professor Coues é a teoria das ações musculares inconsciente, acrescentando ser ela «refugio natural de todos os psicólogos e fisiologistas que foram forçados a admitir o fato da mesa girante, porém que pouco ou nada conhecendo de psiquismo, acham-se logo sem recursos, visto não terem outro meio de esconder a sua ignorância.» (Vide: Annales Sciences Psychique 1893-94).

As outras duas teorias apresentadas também pelo dr. Coues no mesmo Congresso e discutidas como vamos ver pelo eminente Carl du Prel são as seguintes a) A teoria telecinetica, segundo a qual objetos inanimados são impulsionados em direção contrária ao efeito habitual do peso, por uma força comunicada a esses objetos, à distância, por pessoas vivas. b) A teoria espírita, aquela que admite que inteligências desencarnadas imprimem aos objetos o mesmo movimento que nós mesmos lhe poderíamos comunicar.

E' o dr. Carl du Prel quem fala:

Quanto a estas duas teorias errou o professor Coues em separá-las. Quando os Espíritos movem os objetos, não usam do mesmo processo que nós.

Os espíritos operam necessariamente de um modo totalmente diverso e a única hipótese que pode ser aplicada ao caso é da telecinesia. A telecinetica ou ação motora a distância, não pode emanar do corpo material dos vivos, mas somente do seu corpo astral. Ora, o nosso corpo, sobrevive á morte terrestre com todas as suas faculdades; os espíritos são providos desse corpo astral; logo o modo operatório é o telecinetico, tanto entre os encarnados dotados dessas faculdades extraordinárias, como entre os espíritos. Seria fácil provar, de cem maneiras diferentes, que as forças chamadas anormais, que o homem pode desenvolver, graças ao seu corpo astral, são as forças normais dos Espíritos (Vide Carl du Prel, - A Levitação - De Rochas, 143).

Certamente, como diz Allan Kardec: os Espíritos para produção de pancadas, não se servem de martelo, como para levitar uma mesa não se servem de suas mãos, mas sim de fluidos combinados para os fins necessários, e a procura dessa força X estão sábios da envergadura de Richet, como muitos investigam a eletricidade... Conhecedores dos fluidos, eles os manipulam e sob a ação de sua vontade, produzem as manifestações que desejam e por Deus lhes são facultadas. Não ha nada de histeria, nem nevrose, nem moléstia de natureza alguma.

CÉREBRO E ESPÍRITO

Dentre os contraditores do Espiritismo (e são muitos), não se ouviu ainda falar da histeria, como um meio explicativo dos fenômenos, a não ser ultimamente em São Paulo.

Cabe a palma ao dr. Ulysses Paranhos, e em segundo lugar ao ilustre advogado ocultista que, naturalmente por modéstia, não permitiu a publicação do seu nome.

O dr. Ulysses disse que no caso da senhorita X. não existem os fenômenos curiosos observados por Lombroso e Richet com Eusapia Paladino, nem por Crookes e Ochorowicz, com outros médiuns.

Se s. s. conforme afirmou ao repórter tem apenas noticia do fato através das ótimas informações publicadas pelo Correio, como pode afirmar que não existem os fenômenos curiosos observados por Lombroso, etc.?

Disse ainda o ilustrado clinico que hoje graças á sugestão, pode-se ter uma prova do grande papel que tem o cérebro nos fenômenos psíquicos e somáticos os mais variados.

Para produzir fenômenos semelhantes aos que narrou o «Correio», não ha necessidade de cérebro, nem de nervos, e nem o homem de ciência deve confundir as propriedades do cérebro com aquelas que são peculiares ao corpo astral ou perispírito.

O cérebro não exerce papel algum na produção dos fenômenos, tanto que os espíritos que já se desembaraçaram do cérebro material, que é ao que se refere s. s., produzem perfeitamente os fenômenos.

E' no perispírito que havemos de encontrar a causa dessas manifestações, como até a causa de muitas enfermidades que os médicos desconhecem, como já o disseram médicos da nomeada de Encausse, Gyel, Baraduc, etc.

A existência do corpo astral já está mais que demonstrada e, para não nos tornarmos fastidiosos, citamos, além de muitas provas, a das Drs. Barlemont e De Rochas obtida pela fotografia do corpo de um médium e do seu duplo momentaneamente separados.

A placa, parece-nos, não pode ficar alucinada e nem está sujeita a ataques de histeria.

O eminente Carl Du Prel depois de ter assistido a inúmeras sessões e depois de acurado estudo e observações escreveu: «As ações produzidas pelo corpo astral durante a vida terrestre do homem, nos sonâmbulos e médiuns, devem ser idênticas as do corpo astral definitivamente exteriorizado pela morte. Os fenômenos observados nas sessões espíritas podem apresentar uma dupla origem: os mediúnicos e os Espíritas». Levitação-De Rochas.

O coronel De Rochas, no livro citado também escreveu: «como postulado declaro que o homem tem dois corpos; isto sem sair do domínio da ciência positiva».

A sugestão e a histeria do dr. Paranhos nada explicam, e só servem para comprometer sua ilustração.

Referindo-se á aptidão nervosa, nome com que o dr. Ochorowicz crismou a mediunidade, afirma este sábio: «Nem a histeria, nem a epilepsia, nem a neurastenia e ainda menos a anemia devem ser confundidos com a sensibilidade hipnótica» (segundo crisma; - também hoje em dia os crismas estão tão baratos !...)

Leia o ilustre clinico a obra do ex-lente de Psicologia da Universidade de Lemberg - «Sugestão mental» que encontrará o seguinte trecho: «Entre as grandes histéricas existem algumas refratárias á sensibilidade hipnótica».

Braid, em adição que fez ao seu livro, atribui os fenômenos que narrou á viva sensibilidade dos SENTIDOS, acrescentando ainda que «os hipnotizados, não doentes, de nenhum modo são histéricos» e que «podem descobrir objetos ocultos, designar o indivíduo a que os mesmos pertencem,- e podem também predizer o futuro.»

Provado como temos, que a Histeria conforme a significação dada pelo dr. Ulysses, referendada pelo hierofante admirador de Apollonius, não passa de uma palavra vã, com que alguns pretendem explicar o que não conhecem, inútil se torna prosseguirmos, visto estarmos côncios do bom desempenho da tarefa que empreendemos. Outros poderão fazer mais e aproveitaremos a ocasião para aprender o que ignoramos.

6

AS CURAS ESPÍRITAS

A AÇÃO ESPÍRITA E OS DIVERSOS ESTADOS DA MATÉRIA

O Brasil inicia uma época de trabalho espiritual. As almas ávidas de luz sacodem o pesado jugo que não lhes permitia elevar seus olhares para os espaços, recamados de sóis, examinam, estudam, pesquisam, buscado o porque das coisas, e tirando, dos efeitos, as conclusões das causas que os determinam.

O jornal já se vai tornando o arauto do pensamento, iluminando e vivificando as almas para a conquista dos ideais.

O espiritismo é assunto do dia, e as curas espíritas revolucionam os cérebros que engendram, cada qual, opiniões mais desbaratadas, semelhantes ás dos contemporâneos de Newton sobre a gravitação universal.

Mas, a verdade é uma, única, rútila como estrela da manhã, a nos despertar para os labores da santa causa que nos guia no caminho da perfeição.

Desta ou daquela maneira, por este ou por aquele meio as curas espíritas estão se impondo á atenção dos doutos e dos sábios da nossa terra, e brevemente elas merecerão a sanção da ciência oficial, última sempre em abraçar as novas verdades que nos são reveladas.

Enquanto, entretanto, esperamos a realização deste sonho, esforcemo- nos, concorrendo com nossa quota, nessa luta de idéias, de cujo atrito nasce à luz que esclarece o nosso entendimento.

Estabeleçamos as primícias e vejamos se as curas espíritas estão ou não firmadas nas sólidas e indestrutíveis bases da ciência. Está claro que nos referimos á ciência positiva, que demonstra com fatos as suas afirmações á posteriores, a ciência de Crookes, de Lombroso, de Gibier, de Lodge, de Myers, etc., que não teme o riso da ignorância ou a negação sistemática do sectário preso ao círculo de suas idéias preconcebidas.

Todos sabem que o nosso corpo é constituído de moléculas que lhe são fornecidas pela água que bebemos, pelos alimentos que ingerimos, pelo ar que respiramos.

O corpo humano, que pertence á classe dos mamíferos, difere dos animais inferiores da sua classe tão somente pelas nuanças da forma, pois, a sua composição química é a de todos os animais; na sua carne, no seu sangue, nos seus ossos, não existe um átomo diferente daqueles que se acham nos corpos dos animais; como estes, morrendo, ele dá á terra o oxigênio, o hidrogênio, o carbono, o azoto, que se achavam combinados para o formar.

Como também ninguém ignora, todos os dias o nosso corpo passa por transformações - assimilando e desassimilando elementos para manutenção da vida.

Não sendo a doença mais do que um desequilíbrio dos elementos constitutivos do corpo, reparada a causa, cessam os efeitos. Assim é que o médico ordena ferruginosos para o organismo que se ressente deste metal; ácido clorídrico aos que tem falta de ácido para o suco gástrico; fosfato de cal aos raquíticos que tem a carcaça óssea deficiente, para o equilíbrio da saúde, etc.

Todos esses sais que acabamos de nomear, como também os demais corpos da natureza, são produzidos pela matéria cósmica universal ou matéria elementar primitiva, de cujas modificações e transformações aparece a inumerável variedade que constitui os reinos mineral, vegetal, animal e hominal.

A química, por sua vez nos mostra e nos demonstra que todas as substâncias vegetais e animais são compostas dos mesmos elementos, que os corpos inorgânicos.

Entre esses elementos os que desempenham o principal papel são: o oxigênio, o hidrogênio e o carbono; os outros aí se acham apenas acessoriamente.

A diferença de proporção na combinação dos elementos é que produz todas as variedades de substâncias orgânicas, suas propriedades diversas, tais como os músculos, os ossos, o sangue, a bílis, os nervos, a matéria cerebral, a gordura dos animais; a seiva, a madeira, as florestas, os frutos, as essências, os óleos, as resinas, etc., nos vegetais. Assim, na formação dos animais e das plantas, não entra corpo algum especial que não se encontre no reino mineral.

Exemplifiquemos o que acabamos de dizer, tomando por base a água.

Para formar a água, precisamos de uma parte de oxigênio e duas de hidrogênio.

Mas se em vez de uma parte de oxigênio tornarmos duas, teremos o deutoxido de hidrogênio, liquido corrosivo, entretanto, formado dos elementos da água, mas em outra proporção.

Assim para a formação de todos os corpos, é necessário um número limitado de princípios elementares, combinados em proporções equivalentes.

A química já está de posse do segredo da fabricação de certas substâncias orgânicas, por síntese e se nos laboratórios já se operam essas manipulações, claro está que foram estudadas no laboratório da natureza.

À proporção que nossos olhos se abrem, a matéria vai se nos mostrando em suas mil variedades de formas. De sólida, liquida e gasosa, graças ás investigações de Crookes chegamos ao estado radiante, e atualmente já se fala nos íons e nos elétrons; termos retumbantes «como bombardeios das moléculas de hidrogênios» - assim nomeado por Jouffret, e lembrados por Clausius, Maxwell e Boltzman, já «ilustram» as revistas que se ocupam de assuntos científicos.

Quanto mais estudarmos e progredirmos, maiores conquistas nos serão por Deus concedidas, e as «curas espíritas» avultarão a nossos olhos, despidas do sobrenatural que as catalogava na número do misticismo religioso.

Essas «curas», como veremos, nada mais representam que a transmissão de fluidos medicamentosos ás células enfermas, fazendo-as recuperar a sua vitalidade.

7

AS EXPERIÊNCIAS DOS SÁBIOS E OS FLUIDOS

Depois dos trabalhos do espiritismo experimental, proclamados pelos maiores sábios do mundo, e principalmente os que se referem á materialização e desmaterialização de corpos, testemunhadas por William Crookes, Wallace, Lombroso, Richet e centenares de outros, que seria fastidioso enumerar, não se pode pôr mais em dúvida a ação exercida e que podem exercer os espíritos sobre os homens.

O ilustre conselheiro do czar da Rússia, redator do Psichische Studien, publicou um livro já traduzido em vários idiomas - Um caso parcial de desmaterialização do corpo de um médium, onde se encontram os relatórios das sessões de Crookes, Dr. Gully, o príncipe Wittienstein e outros com o espírito de Katie King.

Para nos poupar o trabalho das transcrições, o leitor interessado no conhecimento da verdade - não deixará de folhear essas páginas memoráveis, que muito auxiliam a compreensão do assunto que nos prende a atenção.

Entre os fenômenos observados por todos os sábios que tem se dedicado ao estudo experimental da nova ciência, podemos citar:

1.° - Pancadas, ruídos, sons;

2.º - Clarões, globos luminosos, estrelas, etc.

3.º - Perfumes variados, aromatizando a atmosfera das salas de sessões, almíscar, verbena, violeta, etc:

4.º - passagem da matéria através da matéria;

5.º - Materializações de plantas, flores, de espíritos, e desmaterializações; 6.o - Escrita direta;

7.º - Moldagens;

8.º - Levitações.

Tudo isto, sem mencionar muitos fenômenos inteligentes, que todos os dias se reproduzem em toda parte.

Ora, se os espíritos tem produzido todos esses fenômenos, como o testemunham pessoas insuspeitas, se o almíscar, a verbena, a violeta, tem aromatizado as salas de sessões, sendo essas essências manipuladas pelos Espíritos no espaço e transportadas para aquele ambiente; se as materializações são fatos incontestáveis, porque negar a esses mesmos espíritos e a outros ainda mais adiantados, o poder de manipular um, dois ou três miligramas de ácido arsênico, ou de sulfato de quinino, ou de cafeína, para transmitir a um enfermo?

William Crookes diz: «O espiritualista fala de flores salpicadas com um fresco rócio, de frutos, e mesmo de seres viventes transportados através de sólidas muralhas de tijolos. O investigador científico pede naturalmente que um peso adicional (ainda que seja a milésima parte de um grão) seja depositado em uma das conchas de sua balança, quando ela está no mostrador fechado á chave: e o químico pede que se introduza a milésima parte de um grão de arsênico através das paredes de um tubo de vidro, no qual a água pura está hermeticamente encerrada».

E conclui o seu relatório com a seguinte frase: Não digo que isso seja possível, mas sim que isso e real».

As curas espíritas são produzidas pela transmissão de fluidos, de gases imponderáveis, como são o oxigênio e o hidrogênio, mas que depois de combinados no organismo, formam o medicamento necessário para a cura do enfermo.

A medicina não ignora esse processo, tanto assim que

manda dar a um doente, por certo tempo, licôr de Van Sweten e cessado o uso deste, administra imediatamente iodureto de potássio, para formar no organismo o bi-iodureto de mercúrio, recentemente preparado, que tem uma ação muito superior á do bi-iodureto de laboratório.

O que os médicos encarnados fazem no visível, os médicos desencarnados fazem no invisível, e vice-versa - quando bem orientados.

Ninguém ignora a subtração do oxigênio pelo calor, e, portanto, a transformação da atmosfera, e, como veremos adiante, não só os espíritos, como os altos magnetizadores, que podem transformar a atmosfera, ou seja, uma parte - embora pequeníssima do ar, tornando-o até vesicante em uma parte do corpo humano.

Em tudo isso nada ha de sobrenatural. Se pensarmos e acompanharmos as idéias vulgares poderemos chamar sobre humanos esses fenômenos.

E' tão natural a um espírito conhecedor dos fluidos combinar o oxigênio com o carbono, para administrar ácido a um doente, como ajuntarmos uma parte de oxigênio e duas de hidrogênio para formarmos a água.

Examinemos melhor as curas espíritas, sob o ponto de vista do magnetismo e veremos como tudo se tornará claro e compreensível.

E' o que faremos no próximo capitulo.

8

MAGNETISMO - SUGESTÃO, MEDIUNISMO

O corpo humano é a melhor pilha magnética que encontramos, quando aperfeiçoado para esse fim: - são os médiuns, nome que já está incluído nos dicionários científicos.

Ser médium não quer dizer ser espírita, porque existe quantidade inumerável de médiuns que não são espíritas.

Médium é o indivíduo dotado de flexibilidade, precisa para transmitir ao mundo exterior as percepções do mundo interior, ou mesmo do mundo exterior, se o agente que o transmite ainda se acha encarnado.

Assim como para a produção da eletricidade no mundo externo precisamos de aparelhos, de instrumentos com pólos combinados,- assim também necessitamos de um instrumento.

Os médiuns são os instrumentos, e a própria ciência materialista, quando trata de demonstrar o hipnotismo, procura um sujet (médium) para suas manifestações. (Vide Hipnotismo, de fajardo).

Mas encaminhemos as curas pelo magnetismo, que é arte ou ciência, como quiserem os que fazem questão de palavra.

Já vimos que fluido não é uma palavra vã, nem quer dizer

mistério, mas nomeia os gases, a matéria imponderável, como da que resultam o calor, a lua, a eletricidade, etc.

Mesmer, em 1766, numa tese que publicou «De Planetarum Influxo», sustentou a existência de um fluido sutil, espalhado por toda parte e por cujo meio os corpos celestes influem nos corpos animados. Pouco depois estabeleceu-se em Viena e tentou curar pelo magnetismo mineral, aplicando o ímã ás partes doentes; mas logo observou que bastava a aplicação das mãos ao corpo para produzir o mesmo efeito; proclamou, desde então, um magnetismo animal - e declarou que encontrara o segredo de se apoderar desse fluido, e de restabelecer a saúde acumulando-o no corpo dos doentes.

Em 1874 uma comissão de sábios, na qual figuravam Darcet, Franklin, Bailly e Jussieu, foi encarregada de examinar a nova doutrina.

Jussieu um dos membros da comissão, não partilhou da opinião de seus colegas mas sim da opinião do grande médico alemão, em relatório especial que escreveu.

Afinal, depois de tanta luta, entrou o magnetismo na academia, com o nome trocado: hipnotismo.

Mas, para que bem se conheça, tanto o hipnotismo usual, como o magnetismo é indispensável o estudo do espiritismo. Aqueles, são ramificações deste: são rios que correm para o grande mar espiritual.

E é por isso que o Doutor Gyel diz que a fisiologia materialista não explica, absolutamente, os fenômenos do hipnotismo.

O estudo acurado do magnetismo e hipnotismo, demonstra patentemente, a realidade, das curas espíritas.

Examinemos um fato narrado pelo Doutor Liebaut, publicado no «Le Ropple», antigo jornal parisiense, redatoriado pelo provecto jornalista Victor Meunier.

«Focachon, farmacêutico em Charmes, iniciou suas experiências de hipnotismo, com o sujet (médium), senhorita Eliza.

Entre outras sessões narramos a em que Focachon, servindo-se de dois pedaços de tela de Albespeyres, colocou uma em cada braço do médium, sugestionando-a para que em um só braço se produzisse a vesicação. O resultado foi surpreendente. Em seguida, projetou o seu pensamento sobre outra parte do braço, e, sem substância alguma vesicante, também produziu a mesma vesicação, que em outra parte do braço fora produzida pela tela Albespeyres.

Essas experiências foram assistidas pelos professores, Boaunis e Bernheim, de Nancy, Lïgeois, Faculdade de Direito; Drs. Boulard e Liebault.

Como explicar esse fato, sem admitir a ação fluido-tera-peutica?

Dirão os parladores que o farmacêutico agiu pela sugestão.

Mas, que é a sugestão?

Certamente não é uma palavra vã mas ha de forçosamente designar alguma coisa.

Não seria mais racional, em vez de preferirem palavras que nada

explicam pensar que uma camada de matéria fluídica, com a propriedade de tirar a ação do caustico foi projetada pela ação magnética, entre a pele e a tela, para inutilizar esta?

Não seria mais lógico dizer que, ou o espírito do farma-cêutico, ou outro, que se utilizou da sua mediunidade, concentrou por exemplo, duas partes de oxigênio com duas de hidrogênio no lugar em que se produziu a outra vesicação, sem ter sido lá aplicado vesicatorio algum?

O grande Aksakof diz, com muita razão: «o magnetismo já criou a psicologia experimental e acabará por fazer compre-ender os fatos de animismo e espiritismo».

No próximo capitulo, estudaremos a correspondência sobre o magnetismo vital, do ilustre médico Doutor Billot aproveitando os dados que nos fornece o missionário do espi-ritismo, na França, Dr. Gabriel Delanne.

9

OS FLUIDOS E OS SENTIDOS
FÍSICOS

Desempenhama-nos do compromisso anterior, começando pela «Correspondência» do Doutor Billot.

«As sessões as quais assisti - diz o correspondente - começaram pela parte mística, isto é, pela atonofania, ou aparição dos Espíritos, e terminavam pelo parte médica, isco é, pelo rafaelismo, ou medicina angélica.»

Em seguida, ele acrescenta:

«Quanto ás operações dos espíritos sobre os corpos, se algumas ha que parecem prodigiosas, nem por isso são elas contra a natureza, mas sim, contra o que é conhecido na natureza.

Ora, como ha ainda na natureza muitas coisas ocultas aos homens, não é de admirar que se ache sobrenaturais certos fenômenos que, todavia, entram na ordem das coisas criadas; e se certas leis, nos são ocultas, é porque ainda não se estudou o homem devidamente, em todas as suas relações com a criação.»

Não ha a menor dúvida - o sobrenatural é criado pela nossa ignorância.

«Os curas espíritas vem de longe e na Fisiologie du

Magnetisme, de Chardel encontra-se a narração que pode nos dar uma idéia nítida até das receitas dadas por espíritos.

«Na ocasião em que a sonâmbula Letry ditava ao seu magnetizador algumas prescrições terapêuticas, disse num tom estranho:

- Compreendeis, perfeitamente, o que ele (o Espírito) me prescreve? - Quem vos prescreve isto? pergunta o Dr.

- E' ele: não o ouvis?

- Não, não ouço nem vejo ninguém.

- Ah! E' verdade, estais dormindo, enquanto eu estou acordada...

- Como assim?.., estais sonhando minha querida: acreditais que estou dormindo, enquanto tenho os olhos perfeitamente abertos, quando vos subjugo com a minha influência magnética e quando só depende da minha vontade trazer-vos ao estado em que vos acháveis ha pouco. Acreditais que não dormis porque falais e tendes até certo ponto o vosso livre arbítrio: entretanto não podeis abrir vossas pálpebras.

- Estais dormindorepito: Pelo contrário estou quase completamente acordada como estaremos todos em dia futuro. Eu me explico: Tudo quanto podeis ver atualmente é grosseiro, material: apenas distinguis a forma aparente, porém as belezas reais vos escapam: entretanto; eu tenho as minhas sensações corporais momentaneamente suspensas, e a alma quase por completo desprendida, vejo o que é invisível aos vossos olhos, ouço o que não podem ouvir os vossos ouvidos e compreendo o que vos é incompreensível...

Com efeito, o homem carnal, só percebe as vibrações das cores - do vermelho e violeta assim como não ouve os sons cuja vibração não afeta os seus órgãos auditivos, aliás muito imperfeitos.

Não ver e não ouvir não pode constituir prova para se negar um fato.

Não vemos uma fotografia já impressa na chapa, sem que se submeta a placa á ação do revelador, entretanto, a fotografia existe na placa desde que ela foi exposta diante de uma pessoa.

Não vemos estrelas através da luz do sol ao meio dia, e elas lá estão brilhando no firmamento.

Não vemos milhares de animais num copo com água, não ouvimos a voz do vizinho, de nossas casas, e nem por isso podemos afirmar que a água não contém micróbios, ou que os nossos vizinhos são mudos ou não falam em suas casas.

Negar as curas espíritas porque não se vêem os fluidos medicamentosos que eles transmitem, ou não se ouve o ruído de sua ação, seria equivalente a negar a própria dor, que também ninguém vê, ninguém ouve.

O homem da critério estuda as causas pelos efeitos que elas produzem; e em todas as ciências o estudo dos efeitos é que nos conduz ao conhecimento das causas.

Na própria medicina, conhecemos a ação dos medicamentos pelas experiências que com eles se têm feito. E' assim que dizemos que o cloral, o bromoformio, a cocaína são anestésicos; que o bicarbonato de sódio, de potássio, e o carbonato de cálcio - são antiácidos; que o iodureto de enxofre, a saponária, o sulfureto de potássio, são anti-herpéticos; que a beladona, os ioduretos alcalinos e oxigênio, são anti-dispneicos etc. etc.

Assim também, estudem os negadores o espiritismo, mas estudem teórica e praticamente e verão que as curas espíritas não são mais do que efeitos que têm uma causa que age por intermediários, como a medicina pelos médicos.

10

AS CURAS ESPÍRITAS ATRAVÉS DOS TEMPOS

A ARTE DE CURAR

As curas espíritas vêm de tempo imemoriais.

Os sacerdotes brâmanes curavam pela fixação do olhar e produziam a hipnose com o fim de remodelar as vibrações perispiritais e restabelecer os enfermos.

Os egípcios, que forem beber os princípios da sabedoria na Índia, empregavam para o tratamento dos doentes os passes e as imposições das mãos.

Heródoto, o grande historiador grego pai da historia, como o cognominaram os atenienses, cita os santuários em que se reuniam os peregrinos para obterem a cura por meio de remédios descobertos em sonhos.

Este gênero de mediunidade era muito comum entre os curados, que ergueram a terapêutica, hoje com direito nas academias.

Sem falar em Galeno, que recebia durante o sono as receitas que mais proveitos produziam na cura das enfermidades, não nos esqueçamos de Hipócrates o pai da medicina que afirmava lhe serem sugeridos em sonhos os melhores medicamentos que preconizava.

Strabão narra que, em Memphis, os padres adormeciam, e neste estado, davam consultas médicas.

Segundo refere Deodoro de Sicília, os doentes iam em

massa ao templo de Isis, para serem adormecidos e curados pelos sacerdotes. A maior parte dos pacientes caiam em êxtase e indicavam eles próprios os medicamentos e o tratamento que lhes devia restituir a saúde.

Os romanos também tiveram templos em que se restabelecia a saúde.

Celso diz que Asclepides de Pruse adormecia as pessoas atacadas de frenesi.

As curas espíritas já estão sancionadas por todas as religiões.

Os hierofantes do altar de Trophonio que adquiriram grande celebridade na Grécia, pela comunicação com os espíritos, curavam por meio de toques, insuflações, passes e aposição de mãos.

Na Gália, os druidas e as druidezas possuíam a faculdade de curar, e de todas as partes do mundo recebiam pedidos de receitas, de enfermos que se queriam libertar de seus sofrimentos.

As mansões do santuário de Júpiter

Ammon, na Líbia; de Marte, na Tracia; de Vulcano, em Heliopolis; de Vênus, em Amphaca, e de Esculapio, não estão ainda esquecidas, bem como as dos Templos de Delphos e de Cumes, cujas sibilas prendiam a atenção popular, pelas curas que produziam.

A lucidez dos sonâmbulos, dos extáticos e sua comunicação com os espíritos; verificaram-se em todos os tempos e com essas relações muito lucrou a medicina.

S. Justino, o filósofo, doutor da igreja, se refere aos prodígios das sibilas, e acrescenta que elas ao extinguir-se o espírito que as dominava, esqueciam-se do que tinham proferido.

Lucano, na Pharsalia, narra que Apius foi a Delphos consultar a sibila Phemenoé, obtendo o que desejava, verificou que ela ao despertar de nada se lembrava.

Tertuliano, o celebre padre da igreja ficou convencido do iluminismo dos extáticos e os papas S. Zeferino e S. Victor seguiram suas pegadas.

S. Cypriano fala de coisas maravilhosas e verdadeiros prodígios operados por uma mulher em êxtase.

Os principais luminares da medicina que diziam possuir o segredo para a cura dos enfermos, Esculapio, Serapis, etc., confessavam serem inspirados pelos gênios da sabedoria.

Longe iríamos se o nossa fim fosse demonstrar a proposição do ilustre clínico brasileiro Doutor Pinheiro Guedes:

«A medicina como arte de curar é filha legitima do espiritismo.»

Mas, o nosso intuito é unicamente convidar os médicos para o estudo da nova ciência, para a qual convergem todas as mais.

Estas despretensiosas letras não foram escritas para a massa popular o povo; em geral crê piamente nas curas dos espíritos, embora as interprete com caráter miraculoso, conforme ensina a igreja de Roma.

E' por isso que fazem promessas á Santa Luzia, oculista (segundo a igreja) ora é S. Sebastião, o debelador das epidemias, das pestes; a Nossa Senhora da Aparecida (sic) que conforme os anúncios estampados, no Santuário e na Luz, torna fáceis os partos difíceis, remove os reumatismos dos gotosos, extirpa os tumores dos artríticos; S. Bom Jesus de Pirapora, que abre os ouvidos aos surdos e dá vista aos cegos; a Senhora de Lourdes, que assombra o mundo inteiro, com os milagres de curas, etc.

E sabido que, devido à intervenção dos espíritos, o padre tem exercido a medicina e até a farmácia: as *«gratia probatum;»* os elixires beneditinos; as águas dos carmelitas, são testemunhos irrefragáveis das nossas fundadas afirmações.

Todas as seitas religiosas tem os seus curadores inspirados, como eles próprios se nomeiam, para que a fé na imortalidade, ensinada por todas as religiões, não se apague do coração do homem.

11

OS EXPLORADORES E A
MEDIUNIDADE CURADORA

E tempo de terminar o nosso arrazoado; mas não queremos nem por sombra que os charlatões, os especuladores e os desvairados, aproveitem- se da nossa tese para explorarem a pobre humanidade.

Há curas espíritas e a pretensas curas espíritas ou pretensos médiuns que se intitulam curadores; discernir o falso do verdadeiro é dever de todos os homens que trabalham, que concorrem, finalmente, para o progresso. Em todos os paises existem leis severas contra os exploradores e que os governos devem executar.

Tratando-se da saúde publica e portanto dos meios de prolongar a vida do homem na terra para que ele com mais presteza progrida e repare algum mal que tenha praticado, e claro que aqueles que procuram remédios para suas dores, devem esconder com todo o escrúpulo os médiuns que com efeito sejam médiuns e bem assistidos pelos invisíveis, assim como procuram os médicos da terra, de maior renome - de maior saber.

Entregar um doente de moléstia aguda a um individuo ignorante em medicina e em quem não se tem certeza absoluta de mediunidade, é a maior falta de senso e de critério que se pode conceber.

O Espiritismo não reclama uma crença cega de quem quer que seja; ele ensina o homem a desenvolver o seu raciocínio, para bem utilizar a sua liberdade, abraçando o que é bom e repelindo o que não presta, para «não ter tropeços no dia de Cristo» - como diz o apostolo das gentes.

A ação dos espírito; é sempre benévola, embalsamada desses eflúvios de caridade evangélica, de que fala S. Paulo no capítulo XIII, da sua primeira Epístola aos Corintios.

Quer quando eles curam os corpos, pelos médiuns em forma de aposição de mãos e passes desmaterializando as moléculas enfermas que são substituídas por outras sãs - ou seja modificando as vibrações perispiritais para restabelecer a tonalidade vital, cujo fluido repara o sistema nervoso; quer quando transmitem receitas, ou pela palavra de sabedoria, com amor, paciência, tolerância e oração expelem os espíritos atrasados que produzem obsessão.

Em todos esses casos, os médiuns, que nada mais são que um instrumento de que se servem os espíritos do bem, não só não tem o direito a remuneração, como não o tem de se jactarem de um ato que eles concorreram somente como inter-mediários.

A mediunidade não é privilégio de ninguém. Aquele, por cujo intermédio se obtêm curas maravilhosas, amanhã, talvez, não cure a mais simples dor de dentes.

E é por isso que afirmamos que a mediunidade não é privilégio de espíritas. Pode-se ser espírita e não ser médium, assim como a maioria dos médiuns não são espírita.

Em todas as crenças e em todas as descrenças ha médiuns com abundância e assistidos por diversas categorias de espíritos.

Para não afirmar sem provas, lembramos o Dr. fajardo dizendo à paralítica que estava, ha tempo, no hospital: «Levanta-te e anda.»

E a rapariga levantou-se e ficou curada.

Outra vez é o padre Pot que cura um mendigo, ou «Sua Santidade» Pio X, que faz recuperar a audição a uma mulher surda; ora é o ministro protestante que faz desaparecer a febre de um seu doente., etc. etc.

Onde estão os médiuns curadores; ai estão os espíritos de caridade realizando curas mesmo sem consciência daqueles.

Em muitos centros espíritas existem médiuns curadores, que receberam seus dons, ora em mais alto grau, ora em menor; o que é fato é que o Espiritismo é a graça de Deus derramada sobre todos os seus filhos, sem exclusão do judeu ou do cismático.

A profecia de Joel não nomeia padres, ministros e letrados, diz, como S. Pedro lembrou no cenáculo: «que a promessa pertence a todos»: homens, mulheres, crianças, velhos: moços, senhores e servos, por que, para Deus não ha exceção de pessoas, todos são chamados, resta que se esforcem para serem escolhidos. São Paulo, na sua Epístola aos Corintios, cap, XII, lembra bem os dons de curar e não diz que eles são peculiares a médicos ou a padres ou a espíritas.

Curar, pois, as enfermidades é um dos meios de se reconhecer quem deseja praticar o bem, mas não é condição essencial do espírita, porque senão todos os curadores e médicos desinteressados seriam espíritas. No catolicismo, com o nome de milagres, e no materialismo, com o nome hipnotismo, vemos muitos curarem e sabemos nós espíritas a ação exercidas nessas curas, pelos mensageiros da caridade.

O caráter principal do espírita é anunciar o Evangelho, como mandou Jesus; anunciar pela palavra, pela imprensa e pelas obras; tudo o mais são acessório, parábolas que servem para atrair a atenção dos homens e convidá-los ao estudo da sua interpretação.

Possam os médicos ser atraídos para esse estudo, que tanto concorrem para o bom êxito do seu apostolado, que é curar o corpo e o espírito, e os nosso caros confrades se imporem pelo seu amor e dedicação a causa que propagamos, a simpatia de todos.

FIM

ESPIRITISMO E MATERIALISMO

— 1925 —

Aos que procurar a Verdade

DUAS PALAVRAS

Quando, ao nos iniciarmos no Caminho da Verdade, começamos a estudar o "porquê da Vida e o porquê da morte", fizemos a promessa de não reter em nossos lábios e não cristalizar em nossas penas todas as novas aquisições que os céus nos concedessem. Temos procurado cumprir esse ditame no estreito limite das nossas forças.

É assim que reeditamos agora este opúsculo, com o único intuito de tornar conhecida a Doutrina que nos alimenta e fortalece.

Uma só glória e recompensa desejamos, é que as poucas, mas sinceras palavras encerradas neste folheto, dêem a pensar a todos os que o lerem.

Cairbar Schutel

1

EXISTÊNCIA E IMORTALIDADE
DA ALMA

Antes de entrarmos em consideração sobre as seitas religiosas que disputam a posse da Verdade, cumpre-nos primeiramente indagar se, com efeito, continuamos a viver depois do aniquilamento do nosso corpo físico, ou se esse ser que pensa em nós é o resultante das funções cerebrais e também se ele se aniquila no momento em que o nosso corpo tomba exânime, em uma palavra, se somos imortais.

Até aqui todas as congregações religiosas têm afirmado a sobrevivência da alma, mas a sua filosofia abstrata tem implantado o cepticismo, o ascetismo, o fanatismo e a superstição, em vez de trazer luz para o assunto de tanta transcendência qual o reconhecermos a nossa própria existência - a nossa imortalidade e, portanto, os nossos deveres para com Deus.

A Lei de Deus implica a existência da alma e sua imortalidade, pois, em caso contrário, as leis da Terra - o "Código Penal" - seriam suficientes para regular as nossas obrigações para com a sociedade.

Hoje que a humanidade está cansada de especulações filosóficas que saem das forjas do sectarismo religioso, é preciso que as palavras se apóiem em fatos - as teorias apresentadas para demonstrar a nossa imortalidade venham acompanhadas de testemunhos visíveis e tangíveis - método mais convincente, adotado pela ciência positiva da verdade.

É esse o papel que vem representar o Espiritismo.

Ele nos aponta um mundo invisível e nos ensina os meios de estabelecermos relações com os que nos são caros e se mudaram para esse mundo.

Se quisermos nos comunicar com os parentes ou amigos que residem na Europa, Ásia e África, sujeitamo-nos aos meios de comunicações até agora estabelecidos para podermos receber notícias suas e cada vez mais estreitarmos os laços de amizade que nos prendem. Por que não havemos de fazer o mesmo com esses nossos amigos e parentes que se mudaram para o mundo dos Espíritos, e continuam tão vivos como nós e ainda mais - libertos das prisões corporais que os prendiam a esta terra?

Mas comecemos onde devemos começar, para depois entrarmos em considerações mais circunstanciadas.

Temos alma, - ou a nossa inteligência e vontade são emanações da substância cerebral?

A tradição nos responde que sim - temos uma alma imortal - o bom senso também opina pela existência e sobrevivência da alma. O raciocínio depois de acurado estudo fortalece a argumentação em prol da dualidade: Espírito e corpo, este como instrumento e aquele como fator, e as nossas ações boas ou más como as funções emanadas do Espírito e manifestando-se no exterior.

Deixemos, porém, de parte a tradição, porque nem sempre ela pode servir de base para argumentos; abandonemos também o bom senso que pode falsear de inteligência a inteligência e desprezemos por um momento o raciocínio, mesmo porque nem todos se acham de posse da razão, pois se escravizaram aos gozos temporários desta existência ou às delícias abstratas prometidas por homens que, transviando a sua missão, cuidam dos corpos e não das almas, trocam o Reino de Deus pela vil moeda da qual e pela qual vivem.

Passemos aos fatos.

Sem querer citar as experiências de escrupulosos sábios que conseguiram conversar com as almas como quem conversa com qualquer criatura humana face a face, fotografá-las, obter delas moldagens das mãos em parafina; sem falarmos nas assombrosas manifestações obtidas por Crookes, Wallace, De Rochas, Gibier, Lombroso, Maxwell, Aksakof, Camilo Flammarion e mais uma centena de sábios que seria fastidioso enumerar, e das frisantes manifestações espontâneas que se repetem freqüentemente em todas as localidades do mundo - nas chamadas casas assombradas - busquemos testemunhos que possam ser obtidos por nós, pois são estes que mais impressionam os nossos sentidos.

Se o nosso eu existe independente do corpo físico, precisa se manifestar fora desse corpo para que possa se constatar a sua existência.

E o que vamos examinar.

2

ESTUDO EXPERIMENTAL

MEIOS DE COMUNICAÇÕES COM OS ESPÍRITOS

As teorias proclamadas pelo Espiritismo são de um valor incalculável, mas a incredulidade arraigou-se tanto no espírito humano que só mesmo os fatos, que são as demonstrações dessas teorias, poderão convencer o homem da sua imortalidade.

É preciso, entretanto, procurarmos a Verdade, e não ela que nos deve procurar. Procuremos os fatos e eles serão apresentados com toda a clareza para quebrar a monotonia estúpida de uma "crença banal": a crença no nada; - ou a crença naquilo que nos apresenta como verdadeiro, mas que a nossa consciência repele e a nossa razão repugna.

Para ter certeza se a alma sobrevive a morte do corpo, o meio mais seguro é procurarmos estabelecer relações com essas almas nossas amigas que já se despojaram do seu corpo material.

As experiências por meio da Mesinha que constituem o A-B-C do espiritismo prático já caíram em desuso, visto os meios que temos de mais fácil comunicação; entretanto não deixaremos de dar aqui algumas indicações sobre esse meio, se bem que rudimentar, pelo qual podemos conversar com nossos parentes e amigos "que já morreram", como se diz em linguagem vulgar.

Aproveitamos o método preconizado por "Stainton Moses":

"Escolhei de 4 a 8 pessoas entre homens e mulheres, colocai-vos em torno de uma mesa redonda, de tamanho conveniente, e estendam todos as palmas das mãos sobre a mesa. Não é necessário que as mãos se toquem. O prelúdio do sucesso é habitualmente uma corrente de ar frio que passa pelas mãos e braços de alguns dos operadores e uma espécie de tremor da mesa.

"Assim que a mesa começar a agitar-se, deixai as mãos repousarem delicadamente sobre a sua superfície a fim de terdes a certeza de que não sois como partes nos seus movimentos.

"Dentro em pouco vereis provavelmente os movimentos ainda se reproduzirem mesmo que as vossas mãos se conservem acima da mesa sem tocá-la.

"Logo que julgardes estar bem desenvolvido esse trabalho escolhei dentre vós alguém para dirigir a conversação.

"Manifestai à inteligência invisível o desejo de se convencionar certos sinais, e pedi-lhe que dê uma pancada cada vez que ao pronunciar-se lentamente as letras do alfabeto chegar-se àquelas que entram na formação da palavra que a inteligência quer ditar. Será bom usar-se uma pancada para exprimir não, três para sim, e de duas quando houver "indecisão".

"Uma vez estabelecidas suficientemente as comunicações, perguntai à inteligência quem ela é ou pretende ser, e quem é o médium dentre vós, e fazei o questionário que puder auxiliar vossas investigações.

"Se houver tentativa de pôr o "médium" em "transe" ou de produzir manifestações violentas, solicitai que essas experiências sejam adiadas até poderdes contar com o concurso de um espírita bem prático.

"No caso da inteligência não concordar com o vosso pedido levantai a sessão.

"Nunca tenteis uma investigação tão séria por frivolidade ou passatempo.

"Tende boas intenções e um raciocínio criterioso se quiserdes encontrar a verdade.

"Existem muitos meios de comunicações, porém a escrita manual é a mais simples, a mais cômoda e a mais completa. Esta é a forma de mediunidade que permite estabelecer relações com os Espíritos, tão seguidas e tão regulares como as há entre nós, tanto mais que é por meio dela que os Espíritos revelam melhor a sua natureza, grau de sua perfeição ou de sua inferioridade.

"A faculdade de escrever por um médium é a que é a mais suscetível de se desenvolver pelo exercício.

"Entre outros graus de mediunidade distinguimos aqui: o "Médium Mecânico", quando o impulso da mão é dado independente da sua vontade; o Espírito atua diretamente sobre a mão, escrevendo enquanto tem o que o dizer. Neste caso o médium não tem consciência do que escreve.

Médium Intuitivo é o que recebe o pensamento do Espírito. Neste caso o Espírito não atua sobre a mão e sim sobre a alma do médium com a qual se identifica. A alma com esse impulso dirige a mão, e a mão dirige o lápis.

Médium semi-mecânico é o que sente o impulso dado à sua mão, sem que o queira, mas tem ao mesmo tempo consciência do que escreve.

"Fazei vossas experiências, tomai o lápis e papel e esperai por 15 minutos, todos os dias a uma hora determinada, durante 15 dias - 1 mês - 2 ou mais se for preciso, que obtereis a prova do prolongamento da vida daqueles que vos são caros. Existem médiuns que só depois de seis meses de exercício diário conseguiram escrever, ao passo que outros escrevem corretamente logo à primeira vez.

"Não há fórmula sacramental para as invocações, entretanto convém que sejam feitas em nome de Deus. Pode ser nos seguintes termos ou em outros equivalentes: "Rogo a

Deus Todo Poderoso me conceda a graça de comunicar-me com o Espírito de F..."

"Quando se chama por Espírito determinado é muito essencial ao começar não se dirigir senão aos que só sabem ser bons e simpáticos, e que podem ter um motivo para vir como parentes e amigos.

"Quereis ver o que é uma alma - disse o padre Vieira - olhai para um corpo sem alma".

A nova filosofia agora vem nos dizer o que Vieira não o pôde: "Quereis ver o que é uma alma?" "Privai com ela por algum tempo, fazei-a escrever, conversar, se fotografar, e vos convencereis da existência das almas".

Não se procura demonstrar mais a sobrevivência da alma com floreados de retórica, mas mandando aplicar os métodos indutivos da ciência:

Estuda - Observa – Experimenta.

Allan Kardec trata da parte "Experimental do Espiritismo" no seu livro "O Livro dos Médiuns ou Guia dos Médiuns e dos Evocadores" que recomendamos a atenção dos que quiserem fazer experiências.

3

A ALMA REVESTIDA DO SEU CORPO FLUÍDICO

MAGNETISMO E HIPNOTISMO

Se estudarmos o Magnetismo e o Sonambulismo e pusermos em prática as teorias dessas ramificações do Espiritismo, havemos de nos convencer que a alma revestida de um corpo fluídico pode agir fora do corpo carnal, demonstrando assim a sua individualidade. Seria mesmo impossível conceber uma alma sem corpo, pois é lógico que a alma existindo deve forçosamente ter um corpo imperecível que a acompanha antes e depois da morte. Assim é que se efetua a transição que chamamos indevidamente morte, esse corpo fluídico que acompanha o corpo físico se separa dele restituindo à terra o que era da terra.

As experiências dos sábios vêm em apoio dos Ensinos dos Espíritos, sobre o corpo fluídico; - os sonâmbulos do magnetizador Lewis e da Sra. Morgan desdobraram-se a ponto de produzirem manifestações físicas à distância e serem vistos por pessoas suas conhecidas.

Sob a influência do magnetismo, a perispirito ou o corpo fluídico se exterioriza a ponto de ser fotografado.

Haja vista as observações de De Rochas e do Dr. Barlemont que fotografaram o corpo de um médium e do seu duplo momentaneamente separados.

Como se poderá explicar a visão com os olhos vendados, -

à distância e no interior do corpo humano a não admitirmos a alma?

Puysegur, Deleuze, du Potet e outros, concluíram pelas suas experiências que o sono magnético imobilizando o corpo e aniquilando os sentidos restitui a liberdade ao ser psíquico, que não pode ser outra coisa senão o Espírito, pois ele vive e pensa fora da matéria. O Dr. Gibier diz em sua obra Análise das Coisas que desde a "fascinação" até o sono letárgico, vemos o caminho que leva ao estado de desdobramento da pessoa.

O Dr. Deleuze afirma: "O magnetismo demonstra a espiritualidade da alma e sua imortalidade".

Creia o leitor que nada tem de comum as faculdades da alma com a matéria.

O magnetismo e hipnotismo são ótimos auxiliares para estudar a alma, quer aliada a um corpo carnal, quer separada desse corpo e em sua vida psíquica.

Na impossibilidade de transcrevermos narrações autênticas das que sem dúvida muito interessariam a quem nos lê, visto os poucos recursos de que dispomos, lembramos entretanto aos que se interessam pela Verdade, o livro de Gabriel Delanne: "A Alma é Imortal", que derrama jorros de luz sobre o assunto que nos prende a atenção.

Materialismo

Fatigada dos absurdos dogmáticos da crença banal e irrisória decretada pelos ambiciosos que chamaram a si o privilégio da Verdade, grande parte dos homens, fazendo completa abstração de seus deveres para com Deus e seu próximo, enveredaram para as teorias do "nada", abraçando a crença no aniquilamento da alma, e com ela a de todas as aptidões, - todas as habilidades, - todos os sentimentos, ainda mesmo aqueles que nos aproximam da perfeição.

Não temos a pretensão de fazer neste pequeno opúsculo, um estudo das teorias materialistas, sejam as de Buckner,

Moleschot e Comte, etc.; seja o "Monismo" de Haeckel com suas "demonstrações científicas", desmascaradas hoje pelos eminentes sábios - Oliver Lodge na Inglaterra, Bass, na Alemanha. Entretanto, não podíamos furtar-nos de apontar essa doutrina errônea e falsa em suas bases primordiais, como uma das causas da anarquia morai que reina em todas as consciências, implantando o egoísmo, o orgulho e todas as vis paixões e trazendo a dissolução na sociedade.

Acobertando-se com suas regras de moral, substanciosas na forma, mas vazias de um sentimento sério realizável, caminha o Materialismo estabelecendo a derrocada nos espíritos fracos e pusilânimes, e destruindo o que há de mais santo e de mais verdadeiro - a liberdade que por Deus nos foi confiada para prestarmos severas contas das obras por nós praticadas.

Esquivemo-nos, porém, de comentar as teorias irracionais, desconsoladoras e prejudiciais dos adoradores da matéria - deixemos a censura que nada edifica a quem procura a Verdade, e passemos ao raciocínio e à lógica; tomemos, enfim, as mesmas armas que dizem usar os partidários do aniquilamento da alma, para ferir o ponto principal da questão.

Suponhamos por um momento que não fosse possível demonstrar a existência do "Espírito", pelo Magnetismo e Hipnotismo, demos de exemplo que fossem suprimidos todos os meios de comunicações com o Mundo dos Espíritos, ainda, assim, a Razão, essa lanterna que nos guia na pesquisa da Verdade, repeliria com os raios de sua lógica vibrante, o "dogma materialista", de que o pensamento é uma secreção do cérebro, e que o "Eu" é a resultante do trabalho das moléculas que se uniram para formar o corpo físico.

É bastante estudarmos a "MEMÓRIA" para chegarmos à conclusão que existe fora do corpo físico, um outro corpo que, como uma placa sensível fotográfica, guarda para sempre todos os fatos que impressionam o nosso Espírito, - que finalmente existe em nós um "ser" que pensa, quer, sente e ama com completa reminiscência da sua infância e de todos os atos de sua vida.

E neste corpo denominado por Allan Kardec - "perispírito" ou corpo espiritual que reside a memória. Já os filósofos gregos pelas palavras - "Ochéma" e "Ferouer" chamavam o invólucro da alma "lúcido, etéreo, aromático".

S. Paulo, o grande doutor das gentes, em sua Epístola aos Coríntios, disse: "Assim como há um corpo animal, também o homem possui um corpo celeste".

O invólucro da alma recebeu, enfim, várias denominações de filósofos que constataram a sua existência. Embora os materialistas queiram, a viva força, negar a existência dessa vestimenta fluídica que envolve a nossa alma e onde se acham gravadas as lembranças da nossa existência, a sua negação servirá tão somente para destronar a "deusa matéria" tão venerada por todos aqueles que não se querem afastar de suas teorias preconcebidas.

É corrente em ciência e os materialistas são unânimes em afirmar que a matéria se renova constantemente e que o nosso corpo atual não é o mesmo que nos envolvia há 7 anos atrás. Para demonstrar esta verdade trazem em apoio, entre outras experiências, a de Flourens, que consiste no seguinte:

"'Submetendo-se durante um mês um animal ao regime da granza, substância que tinge de vermelho os objetos que são dela impregnados, no fim de um mês deste regime, o animal possui um esqueleto tinto de vermelho. Se depois passarem a dar ao animal sua alimentação habitual, os ossos tornam-se brancos a partir do centro porque o renovamento incessante dos ossos como da carne, opera-se do interior para o exterior".

De maneira que, desde as partes mais consistentes da carcaça óssea, às partes mais moles do cérebro, um renovamento incessante se opera, e como o organismo do animal, o do homem obedece às mesmas leis.

Como explicar, diante dessas mutações - transformações da matéria, o fato de guardarmos a lembrança do que se tem passado conosco, mesmo depois de 20 - 30 - 60 e mais anos, se não admitirmos um ser pensante que armazene, fora da matéria que se transforma e modifica, essas lembranças, prontas sempre a serem externadas por um esforço da nossa vontade?

Há pouco, ilustre homem de ciência que me distingue com sua amizade, pensou ter respondido a essa pergunta que lhe fiz, com a afirmação: "que a "célula" não se destrói repentinamente, e que a nova "célula" vai se adaptando a antiga e recebendo desta o timbre das lembranças que não foram destruídas".

Embora a boa vontade permita conceder inteligência à "célula", esse argumento cai ao primeiro sopro do raciocínio.

Aproveitamos os estudos do ilustre cientista G. Delanne, feitos de acordo com Richet: "Origine de la memoire"; Maudsley: "Physiologie de l'Esprit"; Ribot: "Les malades de la memoire"; Carpenter: "Mental physiology", etc. e procuremos esclarecer o nosso raciocínio.

Já sabemos que na natureza tudo é movimento. Os corpos que parecem em repouso não o estão: nem exteriormente, pois participam do movimento da Terra, - nem interiormente, pois suas moléculas são sem cessar agitadas por essas forças invisíveis que lhes dão suas propriedades físicas particulares: estados sólidos, líquidos e gasosos.

As modificações das moléculas devem portanto, ser produzidas por um movimento vibratório.

Esse movimento por sua vez deve ter a intensidade e durações necessárias para sua realização.

Cada ato psíquico requer uma duração apreciável; - toda ação nervosa cuja duração não se efetua nos limites necessários para que a ação psíquica se produza, não pode despertar a consciência. Isto parece claro e lógico. Para que na mudança da "célula" se opere a impressão da lembrança é forçoso que o movimento tenha uma certa intensidade e uma certa duração. Quando começa a se operar a nova mudança, forçosamente o movimento terá diminuído de intensidade e duração precisas, para que a nova molécula seja afetada, visto a resistência das moléculas novas que é preciso vencer. Na primeira renovação a impressão não pode ficar gravada com a mesma precisão com que estava na "célula" velha, por causa do tempo que decorreu não ser o necessário, e ainda por causa da intensidade não ser suficiente em virtude mesmo do pouco prazo que a "célula" nova teve na realização do seu trabalho.

Na segunda renovação a impressão ainda será menos saliente. Da terceira, quarta em diante começará a se apagar.

Essas renovações se operam em grande número de vezes, visto a extrema rapidez nas permutações nutritivas, - de sorte que, quando o indivíduo for velho, a lembrança estará completamente apagada das "células".

Ora, e ninguém ousará negar, é justamente o contrário o que se dá - as lembranças da infância são persistentes nos anciãos - o que demonstra que elas não estão armazenadas nas "células" que se renovam, mas sim no "perispirito" cuja existência os materialistas se limitam tão somente em negar.

A negação nada prova, e não é pelo fato dos materialistas negarem o Espírito, que ele deixa de existir; - o cego também nega a luz, o surdo, os sons, entretanto o sol e os astros nunca deixaram de nos alumiar com seus clarões benéficos, e os sons não deixaram de ser percebidos por nós que os admiramos e apreciamos.

O materialismo é incoerente em seus ensinos, absurdo em suas divagações e prejudicial em suas conclusões. Divorciado da Razão que pretende a todos os momentos "endeusar", o materialismo contradiz-se, ora dogmatizando, quando lhe escapam a lógica e o raciocínio, ora valendo-se dos subterfúgios e dos sofismas quando quer fazer prevalecer suas teorias preconcebidas. Como diz o ilustre escritor Leon Denis o "espírito humano flutua indeciso entre as solicitações das duas potências: de um lado as religiões com seu espírito de dominação e de intolerância; - de outro a "ciência" materialista em seus princípios como em seus fins, com frias negações e exagerada inclinação para o individualismo.

Uma: religião sem provas; outra: ciência sem ideal; - e em

torno de ambas acumulam-se as ruínas e os destroços de numerosas esperanças e de aspirações derrubadas".

É preciso nos erguermos para oferecer combate a essas idéias errôneas que trazem em si o timbre do orgulho e da vaidade com que foram concebidas.

Oxalá que as nossas demonstrações sirvam de incentivo para todos aqueles que nos lerem com atenção, estudarem mais intimamente a questão do "Ser" e do "não Ser" tão debatida nestes últimos tempos.

4

PADRES E MINISTROS PROTESTANTES

MOTIVO DOS ANÁTEMAS CONTRA O ESPIRITISMO

O leitor que nos tem dispensado a sua preciosa atenção, ao ler as páginas precedentes naturalmente fará a si mesmo a seguinte pergunta:

"Se o objetivo do Espiritismo é demonstrar aos homens a "Imortalidade da Alma" e seus conseqüentes deveres perante "Deus e o seu próximo" qual é o motivo da guerra sem tréguas que lhe movem os Padres e Ministros Protestantes?"

Com efeito, parece lógico que o Espiritismo longe de ser um adversário da Religião é uma poderosa alavanca para o erguimento desta em todas as consciências, pois não só a sua filosofia ricamente consoladora, como os fatos que vêm reforçar a sua veracidade, o atestam exuberantemente, sem que até agora pudessem ter sido contestados.

Em todos os tempos, porém, nos momentos em que as inovações religiosas vêm pôr um paradeiro aos abusos e ao mercantilismo das coisas santas, usados por aqueles que tomaram o encargo de dirigir a humanidade, toda a sorte de impropérios, de anátemas, de excomunhões são atiradas contra as novas verdades, que tendem a destruir os erros arraigados no coração da humanidade.

Assim tem sido até aqui e assim continuará a ser até que o interesse vil, o preconceito estúpido, o orgulho nauseabundo e a ignorância lastimável sejam extirpados da alma humana que sempre progride e sempre se aperfeiçoa.

Quando Jesus - o Messias divino - baixou a este mundo e distribuiu em profusão as palavras da Verdade de que foi Portador, o espírito clerical daquela época levantou-se hirsuto contra a Nova Doutrina de Paz e de Amor.

Escribas - Fariseus - Doutores da lei exerceram a tal ponto o ódio contra a Doutrina da Verdade, que foi necessário ao Meigo Jesus escalar o Gólgota para cancelar a Palavra que recebeu e transmitiu aos seus Discípulos, com o seu sangue puríssimo a fim de que Ela não mais pudesse ser destruída.

Os homens de então, como os homens de hoje o fazem com a Revelação Divina, bateram palmas às acusações lançadas contra Jesus, e prenderam-se por longo tempo à "lei mosaica" deturpada pelos sacerdotes remunerados das religiões que delas faziam seu meio de vida.

Se assim foi com o Cristianismo, por que o mesmo não deve acontecer com o Espiritismo, que é o seu complemento?...

5

SATANÁS E LOUCURA

A SUGESTÃO EM AÇÃO

Não sendo possível aos representantes das sentas religiosas negar as portentosas manifestações de Espíritos que cada vez mais se multiplicam para arrancar os homens do cárcere da descrença, inventaram um meio cômodo para explicar os fenômenos, tentando assim desviar as almas do Caminho da Verdade.

Dizem eles: "E Satanás - é o diabo que vem se comunicar e que tomando as aparências dos parentes e amigos do evocador, procura arrastá-los para o "reino infernal".

Foi esta a primeira sugestão atirada pelos corifeus do romanismo e protestantismo no espírito público para que não ficassem prejudicados seus interesses materiais e o seu domínio sobre as almas.

Mas como admitir Deus, o Ser Onipotente e o Satanás seu adversário perpétuo que a todos os momentos destrói suas obras e arrebata seus filhos para conduzi-los para um inferno eterno?

O diabo, todo o mundo já sabe, é uma palavra para simbolizar o mal, e não pessoa, uma individualidade. Hoje ninguém mais crê no Satanás de chifre e rabo, que já se consumiu na noite dos tempos.

Vendo destruído o primeiro passe sugestivo com o riso irônico dos pensadores, o clero apelou para uma objurgatória mais emocionante "e sem cogitar os meios, contanto que os fins sejam obtidos", formalizou-se, armazenou energia e envolvendo a palavra "Loucura" nas ondas fluídicas de sua malícia, atirou-a em profusão no cérebro definhado de suas tosquiadas ovelhas:

"O Espiritismo produz loucura!!!" eis a segunda bordoada hipnótica dada com segunda intenção pelos impenitentes inventores de males, segundo a frase do Apóstolo.

O leitor que até aqui nos tem acompanhado, estamos certos de que não tomará a sério esta outra forma de combater uma Ciência nascente, como é o Espiritismo.

Se fosse possível uma Ciência, uma filosofia ou um ensino qualquer produzir "Loucura", seria mais fácil atribuirmos este mal aos regimes severos do catolicismo, com seus mistérios insondáveis, suas práticas sibilinas e suas exigências sem fundamento. Os rigorosos jejuns a que eram submetidos aqueles que não podiam comprar a dispensa, a vida ascética, os gestos forçados, as mímicas, e mais um milheiro de coisas que deixamos de escrever, poderiam com mais facilidade produzir a "Loucura" do que uma Ciência que demonstra com fatos a nossa imortalidade e uma Religião que nos conduz á Perfeição, - sem dogmas, nem mistérios ou coisas que estabeleçam a confusão no nosso espírito.

E já que entramos nesse assunto que lembra os misticismos religiosos, não será demais aconselhar aos "espíritas inscientes", o estudo dos livros de Allan Kardec, para que se identifiquem com os princípios básicos do Espiritismo, e evitem por essa forme tudo o que possa escandalizar e dar a censurar àqueles que, adversários sistemáticos, nos espreitam visando o descrédito da nossa doutrina.

A intromissão nos dogmas e sacramentos das seitas sacerdotais não está de acordo com o caráter espírita, assim como não devem essas práticas materiais e pagãs serem usadas nos núcleos espíritas sob qualquer pretexto.

O Espiritismo é a doutrina do Espírito que deve ser usada em verdade, na realidade e não na aparência. As práticas cultuais e ritualísticas são próprias das doutrinas humanas porque o seu caráter é puramente sectário.

6

A FÉ, A RAZÃO E A LIBERDADE

A FÉ longe de ser a crença em certos e determinados dogmas religiosos, e o resultado dos estudos das leis naturais, livre do sentimento sectário do crente, por obediência partidária.

A FÉ tem sua base na inteligência daquilo que se deve crer; por isso é que se diz: para crer não basta "ver" é preciso compreender.

Diz A. Kardec: "A FÉ inabalável é aquela que pode encarar a razão face a face em todas as épocas da humanidade".

"A Razão é uma faculdade superior destinada a nos esclarecer sobre todas as coisas e que como todas as outras faculdades, desenvolve-se e aumenta-se pelo exercício". Assim é que bem diz Leon Denis "que a Fé não pode ser substituída pela Razão, e nem esta por aquela porque ambas são inseparáveis - se consolidam e vivificam uma à outra.

A união de ambas alarga os horizontes do nosso pensamento, harmoniza as nossas faculdades e nos dá uma paz consoladora".

A FÉ cega - é o edifício construído na areia movediça de que falou Jesus. É está a Fé prescrita por todas as seitas religiosas que têm procurado anular a Razão, exigindo a abdicação do mais precioso atributo do homem: o livre- arbítrio.

O homem é dotado de liberdade, e é pelo bom uso que ele fizer dessa liberdade que lhe vem o mérito de suas ações.

Sem a liberdade não há responsabilidade, e sem esta a criatura humana não é mais do que um joguete do trabalho das moléculas que fortuitamente se congregam no organismo, o que tiraria toda a sua responsabilidade de ação. Embora tenazmente combatido o livre arbítrio, por certos filósofos, ele aparece em todos os atos da vida dos povos, demonstrando assim a sua realidade.

Desembaracemo-nos de todas as idéias preconcebidas, demos o grito de Liberdade a todas as consciências, façamos funcionar a Razão de todos os nossos semelhantes e veremos dentro em breve a Fé se colocar em seu posto de honra - superior às ameaças do preconceito e às seduções vis da visão do ouro.

RELIGIÃO E RELIGIÕES

SEM CARIDADE NÃO HÁ SALVAÇÃO

Visto termos falado em Catolicismo romano e Protestantismo, julgamos do nosso dever fazer algumas referência sobre a Religião - única que pode ser tomada na acepção da palavra.

Inúmeras são as seitas religiosas que disputam a primazia e se digladiam, anatematizando-se umas às outras.

Sem falar nas antigas religiões que ainda têm os seus adeptos, lembramo-nos do "Catolicismo romano; catolicismo francês; catolicismo russo; catolicismo grego; catolicismo protestante" em suas modelações: "Luterano, Calvinista, Batista, Sabatista, Metodista, Presbiteriano, Independente"; e ainda as religiões: "Hebraica, Maometana", dos "Brâmanes, de Confúcio" etc., etc.

Como se pode saber onde está a Verdade se cada uma dessas seitas afirma tê-la consigo?

Eram chegados os tempos da Verdade triunfar dos erros "teológicos" e uma Nova Revelação veio nos tirar do estado de indecisão em que nos achávamos.

O lema exclusivo de: "Fora da Igreja não há salvação" usado por todas essas doutrinas que citamos, foi substituído por outro que é a pureza em sua mais alta expressão:

"FORA DA CARIDADE NÃO HÁ SALVAÇÃO".

Ouçamos "a máxima: Fora da Caridade não há Salvação se baseia num principio universal e abre a todos os filhos de Deus o acesso à felicidade suprema; essa máxima é a consagração do principio de igualdade perante Deus e da liberdade de consciência, tendo como regra todos os homens se considerarem irmãos, qualquer que seja o seu modo de adorar o Criador". O dogma: "Fora da Igreja não há salvação" exclusivo e absoluto, apóia-se, não sobre a fé fundamental em Deus e na imortalidade da alma, fé comum a todas as religiões, "mas na fé especial em dogmas particulares".

Este dogma em vez de excitar os homens ao amor por seus irmãos, entretém e sanciona a irritação entre os sectários dos diferentes cultos que se consideram reciprocamente malditos na eternidade, embora esses sectários sejam parentes ou amigos neste mundo, contribuindo para o aniquilamento da grande lei de igualdade perante o túmulo e separando-os até no campo santo.

O Espiritismo, de acordo com o Evangelho, admitindo a possibilidade da salvação por qualquer crença - "uma vez que se observe a lei de Deus, não diz absolutamente que "fora do espiritismo não haja salvação" e como não pretende ensinar toda a verdade, visto como a verdade absoluta só a conhecem Espíritos de elevada ordem, também não diz que "fora da verdade não haja salvação", máxima esta que dividiria as opiniões, em vez de as unir, e perpetuaria o antagonismo já existente"'.

Assim é que desfraldando a grande bandeira "Fora da Caridade não há salvação" o Espiritismo (que é o Consolador prometido por Jesus, "S. João XIV, 26") vem nos fazer lembrar o que disse o Filho de Deus:

"Amareis o Senhor vosso Deus de todo o vosso coração" e de toda a vossa alma, de todo o vosso entendimento - nisto consiste o maior e primeiro mandamento. Eis o segundo, que é semelhante ao primeiro: amareis o vosso próximo como a vós mesmos. "Toda a lei e os profetas estão encerrados nestes dois mandamentos. (S. Mateus XXII, 34 a 40)".

E, portanto, a Caridade quando praticada, material, moral e espiritualmente falando, a Religião Pura que nos conduz a Deus. Foi para demonstrar esta verdade que Jesus baixou a este mundo, pois toda a sua vida, desde o seu nascimento até a sua morte, foi a expressão mais significativa da Caridade em toda a sua plenitude.

~

Quando os pastores e representantes dessas "religiões" a que nos referimos, anatematizarem o Espiritismo, lembrai- vos, caro leitor, do conselho de S. João: "Provai se os espíritos são de Deus, porque são muitos os falsos Profetas que se levantaram no mundo".

Procurai discernir esse Espírito, esse padre, ou esse ministro protestante. Perscrutai o seu intimo; - verificai se ele prega o Evangelho "por amor a Deus e a seu próximo" ou se é por amor à recompensa da Terra - ao seu ordenado - às espórtulas que recebe e das quais vive.

Examinai a palavra de Jesus citada por Mateus VI, 24: "Não podeis servir a dois senhores; porque ou heis de odiar um e amar outro, ou vos dedicareis a um e desprezareis o outro.

Não podeis servir a Deus e às riquezas (mamom)".

E preciso que não vos iludam os "pastores interesseiros" que agradam a ovelha com interesse na lã.

Toda a doutrina que tem representantes que dela vivem não pode ser verdadeira.

CONCLUSÃO

Diz o Evangelho "que ninguém acende uma luz e a coloca sob o alqueire", demonstrando, por essa forma, o Mestre dos mestres, o dever de propagação que assiste a todos os que obedientes aos preceitos divinos querem se alçar, em surtos de amor, às regiões serenas da Espiritualidade.

Pois bem, essa obrigação está afeta aos verdadeiros espíritas que, pela palavra e pela imprensa, devem transmitir, aos que ignoram, as novas promissoras da Terceira Revelação.

As sessões experimentais são necessárias, indispensáveis para o estabelecimento e robustecimento da crença, mas a difusão espírita não consiste nessas práticas, cuja efetivação atualmente nos centros não prima pela boa orientação.

As sessões de divulgação da doutrina são indispensáveis em todos os núcleos, e franqueadas ao público. Devem ser feitas em forma de conferência ou palestras previamente preparadas abordando sempre os temas principais que constituem a base do Espiritismo.

A biblioteca espírita é muito grande e contém todos os dados precisos para a organização de suas conferência e palestras.

Outro meio, como dissemos, é a distribuição de jornais e folhetos de fonte espírita, que levam sempre aos lares, a luz que ilumina, a esperança que consola, a paz que alicerça o estabelecimento da Verdade nas consciências.

Seguindo esta orientação, que é a que temos usado com muito bons resultados, os espíritas farão obra boa, tornando todos os que lhes são próximos participes das promessas de felicidade e Vida Eterna, que Deus reserva para todos os seus filhos.

FIM

www.ingramcontent.com/pod-product-compliance
Lightning Source LLC
Chambersburg PA
CBHW012013110726
47993CB00008B/3042